MW00898254

Faszination Makramee

Das große Makramee Buch mit allen Grundlagen, Anleitungen zu den wichtigsten Knotentechniken & tollen Knüpfprojekten für Traumfänger, Schmuck & Co

Inklusive einer völlig kostenfreien persönlichen Online-Beratung

Fabiana Binder

„Nicht was ich habe, sondern was ich schaffe, ist mein Reich!"

Thomas Carlyle

Vorwort

Faszination Makramee – klingt vielversprechend, nicht wahr?

Ich bin mir sicher, dass auch du bald eine ähnliche Leidenschaft für die Makramee-Kunst entwickeln wirst, wie das bei mir nach wir vor noch der Fall ist.

Als Makramee wird eine Knotentechnik bezeichnet, die zur Herstellung von Ornamenten, Textilien oder Schmuckstücken dient. Gekennzeichnet sind diese Werke durch gleichmäßige und sich wiederholende Muster. Der Kreativität sind dabei keinerlei Grenzen gesetzt. Kleine Schmuckstücken wie Armbänder, mittelgroße Traumfänger sowie bis zu 10 Quadratmeter große Wandbehänge können mit etwas Fleiß und Geschick problemlos mit den Knüpftechniken des Makramee hergestellt werden.

Das Makramee in der traditionellen Form findet seinen Ursprung im Orient und wird dort «Migramah» genannt, was übersetzt so viel wie «Weben» bedeutet.

Bereits in der Antike wurde diese Knüpftechnik zur Verzierung von Kleidungsstücken des Adels und zur Dekoration von Wänden eingesetzt.

Im 14. Jahrhundert wurde die Makramee-Kunst mit den Kreuzrittern über den Seeweg nach Europa gebracht. Es ist bis heute nicht genau übermittelt, ob die Ära des europäischen Makramees in Spanien oder Griechenland eingeleitet wurde. Dennoch ist die heutige Schreibweise stark an das spanische Wort «Macramé» angelehnt.

Makramee hat sich in den vergangenen Jahren zu einem der größten Trends im Bereich der Herstellung von Ornamenten, Textilien und Schmuck entwickelt und ist aufgrund der verschiedenen Knüpftechniken ein absolute einzigartiger Hingucker!

In diesem Buch erhältst du alle notwendigen Informationen und Anleitungen, um künftig selbst tolle Makramee-Projekte zu knüpfen.

Nachdem zu Beginn die wichtigsten Grundlagen des Makramee erläutert werden, wirst du im zweiten Teil die wichtigsten Knotentechniken mit ausführlichen Schritt-für-Schritt Anleitungen in Wort und Bild lernen.

Abschließend kannst du diese Knotentechniken dann mit Hilfe von abwechslungsreichen „Do-it-yourself" Projekten in der Praxis umsetzen, und somit deine eigenen kleinen oder großen Schönheiten im Boho-Look knüpfen.

Sofern du Fragen zu speziellen Materialien, Knüpftechniken oder Projekten hast, stehe ich dir gerne und kostenlos mit Rat und Tat zur Seite. Beachte diesbezüglich einfach die Informationen zu der kostenlosen Online-Makramee Beratung am Ende dieses Buchs.

Ich wünsche dir nun viel Spaß und gutes Gelingen mit deinen ersten Schritten mit der Makramee-Kunst.

Herzlichst,

Fabiana Binder

Inhaltsverzeichnis

Exkurs - die Bedeutung von Farben   24

Exkurs - die Färbung von Stoffen   27

Grundlagen des Makramee   29

<u>Dein Weg zum persönlichen und kostenlosen Online-Coaching</u>

Der Ursprung des Makramee

Als Makramee wird eine Knotentechnik bezeichnet, die zur Herstellung von Ornamenten, Textilien oder Schmuckstücken dient. Gekennzeichnet sind diese Werke durch gleichmäßige und wiederholte Muster. Wandbehänge können dabei bis zu 10 Quadratmeter groß werden.

Das Makramee in seiner Form hat seinen Ursprung im Orient und wird dort «Migramah» genannt, was übersetzt «Weben» bedeutet. Bereits in der Antike wurde diese Knüpftechnik zur Verzierung von Kleidungsstücken des Adels und zur Dekoration von Wänden eingesetzt.

Im 14. Jahrhundert wurde die Tradition mit den Kreuzrittern über den Seeweg nach Europa gebracht. Es ist nicht eindeutig geklärt, ob in Spanien oder Griechenland die Ära des europäischen Makramees eingeleitet wurde. Dennoch ist die heutige Schreibweise stark an das spanische «Macramé» angelehnt.

Seit seiner letzten Blütezeit in den 70er und 80er Jahren ist das Makramee nahezu in Vergessenheit geraten und nur noch in sehr kurzen und eher jugendlichen Trends in Form von Flechten und Scoubidou-Bändern aufgetaucht.

Geeignete Materialien

Um erfolgreich mit dem Makramee starten zu können, benötigst du natürlich auch die passenden Materialien. Nachfolgend erhältst du eine Übersicht der wichtigsten Materialien und weiteren Hilfsmitteln für den Start. Als kleinen Bonus habe ich dir direkt einen Link hinzugefügt, über den du den Stoff bequem und ohne großen Aufwand online bestellen kannst. Natürlich kannst du die Materialien auch bei deinem örtlichen Händler erwerben, um so die lokalen Geschäfte etwas mehr zu unterstützen. Bei den Do-it-yourself Projekten im letzten Teil dieses Buchs habe ich dir zudem immer eine Liste mit den benötigten Materialien zusammengestellt.

Baumwollgarn

Das Garn eignet sich perfekt zur Gestaltung von Freundschaftsarmbändern. Es ist zudem in den verschiedensten Farben und Varianten käuflich erwerbbar. Vorteilhaft ist die Widerstandsfähigkeit und damit auch die lange Haltbarkeit, selbst im regelmäßigen Kontakt mit Wasser. Aufgrund seiner industriell hinzugefügten Bestandteile verhärtet es nicht. Einziges Manko in diesem Fall ist, dass das Baumwollgarn sehr saugfähig ist und damit auch recht lange zum Trocknen benötigt.

Das Garn gibt es in zwei Varianten. Entweder sind die einzelnen Bestandteile gedreht oder geflochten. Bei der gedrehten Variante besteht die Möglichkeit des Ausfransens (was bei einigen Kunstwerken allerdings auch gewollt ist). Gleichzeitig ist es günstiger als das geflochtene Garn.

Auch das Baumwollseil findet in der traditionellen Makramee-Herstellung sehr häufig Anwendung. Vor allem in der großflächigeren Raumgestaltung werden seine Eigenschaften sehr geschätzt. Es ist ein angenehm weiches und gleichzeitig sehr stabiles Material. Hier gilt natürlich folgendes: Je dicker das Seil ist, desto geringer seine Elastizität. Von Natur aus ist das Garn farblich sehr neutral weiß, mit Tendenz zu leichtem Beige. Es lässt sich aufgrund dieser Eigenschaft sehr leicht einfärben.

Unter folgendem Link kann man Baumwollgarn günstig online bestellen:

https://amzn.to/3cH7WBi

Leinen

Weiterhin ist Leinen ein gern genutztes Material zur Herstellung von Makramees. Von Natur aus ist es äußerst pflegeleicht und reißfest. Da es sehr gute Eigenschaften in Bezug auf Hautfreundlichkeit aufweist, eignet es sich ebenfalls perfekt für Freundschaftsarmbänder.

Auch Leinen ist bei Amazon erhältlich:

https://amzn.to/34jdf6d

Seide

Ein weiteres, sehr hautfreundliches Material stellt die Seide dar. Diese eignet sich aufgrund Ihrer Leichtigkeit und hohen Stabilität. Gleichzeitig ist sie einwandfrei für Allergiker nutzbar. Ein weiterer Pluspunkt ist hier, dass sie atmungsaktiv ist und schnell trocknet. Allerdings, sollte der Stoff eine Reinigung benötigen, ist hier Handwäsche angesagt.

Hier gibt es preisgünstige Varianten:

https://amzn.to/36spEHt

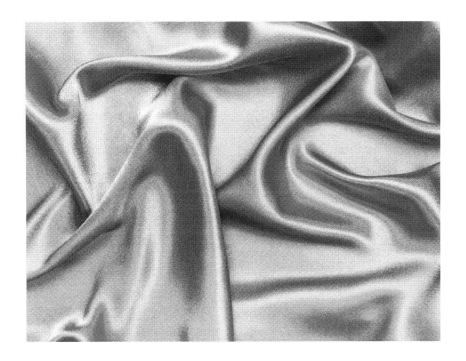

Kaschmir

Leider ist Kaschmir eines der teureren Materialien. Dennoch zeichnet es sich eindeutig durch seine Eigenschaften wie dem Abweisen von Feuchtigkeit, seiner Weichheit und Leichtigkeit aus. Auch dieses Material ist sehr reißfest und atmungsaktiv.

Hier kann es käuflich erworben werden:

https://amzn.to/30yj7rc

Wolle

Wolle ist die wohl günstigste Variante zur Herstellung von Makramees. Sie ist in der Regel atmungsaktiv und sehr elastisch. Allerdings ist hier vor allem in der Anwendung im Außenbereich und der Nutzung als Armband zu berücksichtigen, dass einige Wollarten auf der Haut kratzen und damit Irritationen hervorrufen können. Weiterhin drohen sie bei Kontakt mit Wasser leicht zu verfilzen. Folglich gibt es deutlich langlebigere Stoffe als die Wolle.

Eine dennoch schöne Auswahl verschiedenster Wolle kann man hier finden:

https://amzn.to/3cTyTBM

Sisal

In der traditionellen Anwendung ist Sisal am häufigsten vertreten. Es ist reißfest und eignet sich aufgrund seines höheren Durchmessers sehr gut für größere Projekte wie Wandbehänge oder zur Verzierung von Gegenständen. Aber Vorsicht bei sensiblen Händen: Hier sollten Handschuhe getragen werden. Zu beachten ist in diesem Rahmen außerdem, dass die Seile aufgrund Ihrer Dicke recht kurz, in der Regel mit einer Länge von 10 bis 50 Meter ausfallen.

Hier kann man entsprechende Seile günstig erwerben:

https://amzn.to/36ug8Us

Jute

Der ursprünglich aus Bangladesch stammende Rohstoff zeichnet sich durch seine Verrottungsfestigkeit aus und ist damit perfekt für die Dekorierung im Außenbereich geeignet. Es ist gleichzeitig ein Stoff, der wenig fusselt und damit auch wenig hautreizend ist. Durch seine besondere Imprägnierung ist Jute äußerst witterungsbeständig. Auch hier gilt wieder: Je stärker das Seil, desto geringer seine Elastizität – aber umso höher die Robustheit.

Jute ist allgemein auch sehr gut in allen Baumärkten erhältlich. Oder man folgt dem Link:

https://amzn.to/34kRYJf

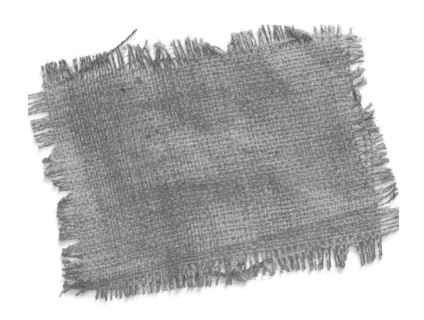

Paracord

Es handelt sich um ein recht glattes Kunstfasergarn, dass sogar mehrfarbig erhältlich ist. Durch seine Robustheit eignet es sich ebenfalls sehr gut zum Knüpfen von Freundschaftsarmbändern oder sogar für Modeschmuck.

Günstig findet man hier eine große Auswahl:

https://amzn.to/2SlbrEb

Lederriemen

Auch gerne verwendet werden Lederriemen. Nach dem Knüpfen lassen sie Details sehr fein erkennen. Nachteil hierbei ist, dass sie zumeist nur in vorgegebenen Längen erhältlich sind. Diese passen nicht zwangsläufig mit dem eigenen Vorhaben überein.

Verhältnismäßig große Rollen können unter folgendem Link käuflich erworben werden:

https://amzn.to/36v2twc

Weitere Zubehör

Hier kann der Fantasie freien Lauf gelassen werden. Von Perlen bis hin zu Muttern aus dem Baumarkt kann alles Verwendet werden. Wichtig zu beachten ist, dass der Innendurchmesser mit dem verwendeten Knüpfmaterial stimmig ist. Diese werden zumeist direkt in das Projekt eingearbeitet.

Holzperlen

Holzperlen finden in der Regel die meiste Verwendung. Wir werden später noch einmal auf die zahlreichen Vorteile in der Verwendung verschiedenster Hölzer zu sprechen kommen. Zunehmend kommen auch Acrylperlen in den Trend. Sie sehen ähnlich aus wie Glasperlen, sind jedoch aus Kunststoff hergestellt. Vorteil ist demnach, dass sie wesentlich günstiger sind und gleichzeitig gegenüber Außeneinwirkungen deutlich stabiler sind als ihre gläsernen Verwandten.

Holzperlen können über Amazon einzeln oder in speziell angefertigten Sets erworben werden. Hier gibt es einen Link zu einer Vielzahl an Holzperlen:

https://amzn.to/33tDRCm

Federn

Bei der Gestaltung von Traumfängern spielt vor allem die Adlerfeder eine große Rolle. Die Federn des Adlers symbolisieren die Verbindung zwischen Himmel und Erde. Aber auch anderen Federn werden spezifische Eigenschaften und Bedeutungen zugeschrieben. So gelten weiße Federn allgemein als schutzbringend, während braune für Gesundheit und Gelassenheit stehen. Schwarze Federn mildern Trauer, während graue Frieden symbolisieren. Seltener zu finden sind natürliche gelbe oder orangene Federn. Sie stehen für Kreativität und schöpferische Energie. Bei der Gestaltung von Traumfängern oder Schmuckstücken werden auch gerne bunte Federn hinzugefügt.

Als kleine Unterstützung kann folgender Link genutzt werden:

https://amzn.to/3jtGppA

Klangerzeugende Gegenstände

Besonders beruhigend und optisch ein schönes Accessoire sind alle möglichen Klanggegenstände, ganz gleich ob Glöckchen oder Klangstäbe. Auf ihre Bedeutung kommen wir später noch einmal ausführlich zu sprechen. Hier gibt es vorab einen Link zur Anregung:

https://amzn.to/36BlIUO

Verschlüsse

Für Aufhängungen, gerade im Bereich des Schmucks oder kleiner Souvenirs, können auch Karabiner, Ringe oder Magnetverschlüsse eingearbeitet werden.

Da es hier den Rahmen sprengen würde jeden einzelnen Verschluss zu verlinken, gibt es beispielhaft den folgenden Link zu einem Set verschiedener Schlüsselanhänger. Weitere Suchanfragen können nach Belieben selbstständig vorgenommen werden:

https://amzn.to/30rGpyD

Materialstärke

Generell gilt, dass Stricke ab 1,5 mm bis 6 mm leicht in jedem Bastelgeschäft oder Baumarkt erhältlich sind. Wie auch bei allen weiteren Materialien gilt: Je gröber das Seil, desto rustikaler die Wirkung. Daher wird für Schmuck in der Regel ein Stoff mit etwa 1,5 mm Durchmesser gewählt.

Längenberechnung des Fadens

Grundsätzlich ist die Berechnung abhängig von den Knotenarten, die verwendet werden. Einige sind aufwändiger und benötigen damit mehr Faden als andere.

Bei einfachen Knoten benötigt man im Schnitt die vierfache Länge an Faden. Wenn also ein Armband mit 20 cm Länge hergestellt werden soll, benötigt man Fäden mit einer Länge von rund 80 cm. Letztendlich gilt jedoch: Lieber etwas mehr Faden benutzen, als am Ende zu wenig zur Verfügung zu haben.

Bei der Verwendung der Fadenanzahl gilt immer, dass diese durch 4 teilbar sein sollte. Hintergrund sind bestimmte Knoten, die sich nur in dieser Kombination ausführen lassen.

Hilfsmittel

Das Makramee im Allgemeinen benötigt nur sehr wenige Hilfsmittel in der Herstellung.

Wie oben bereits ausführlich erläutert, gehört dazu natürlich ein passender Faden.

Die Schere

Zusätzlich wird eine Schere zur sauberen Abtrennung der einzelnen Fadenabschnitte benötigt. Hierbei sollte die Schere der Stärke des Fadens angepasst sein. Je stärker ein Faden dabei ist, desto leichter lässt er sich mit einer großen Schere bearbeiten.

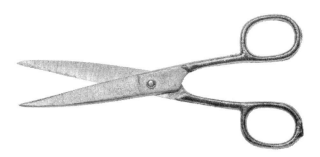

Das Maßband

Weiterhin kann gegebenenfalls ein Maßband zur Bestimmung der Längen zum Einsatz kommen. Hierfür wird auch oft die Maßeinheit Elle, also die Länge zwischen Ellenbogen und Handgelenk verwendet und verallgemeinert.

Die Halterung

Die Praxis hat gezeigt, dass die Verwendung eines Kleiderbügels oder einer Stuhllehne zum Aufhängen die Arbeit deutlich erleichtert. Das zu knüpfende Werk wird einfach festgebunden und somit eine Stabilisierung geschaffen. Nachdem das Makramee fertiggestellt ist, wird es einfach wieder aus dieser Verankerung heraus getrennt. Bei Armbändern können die Fäden am Anfang auch mit einem Stück Klebeband am Tisch befestigt werden.

Am besten legt man hierfür eine Schlaufe. In der Regel wird diese am Ende sowieso für eine Aufhängung oder einen Verschluss benötigt. Die überstehenden Reste können entsprechend gekürzt werden.

Arbeitshandschuhe

Weiterhin kann zum Schutz sensibler Hände vor Blasen oder, bei raueren Fäden, auch vor Irritationen ein leichter Handschuh getragen werden.

Um eine bessere Vorstellung zu vermitteln, welche Handschuhe hierfür geeignet sind, hier ein weiterer Link:

https://amzn.to/3levMHJ

Übrigens: Die Links werden zur Verbildlichung der einzelnen Materialien eingesetzt. Sie können zum Kauf genutzt werden, müssen dies aber natürlich nicht.

Exkurs - die Eigenschaften und Wirkungen von Holz

Mit dem Einsatz verschiedener Holzarten sowie Äste können Makramees stilvoll ergänzt und abgerundet werden. Im Gegensatz zu Metallen oder Stein gilt Holz als entspannend. Während Metall und Beton als sehr hart und geradlinig gelten, wird dem natürlichen Rohstoff eine beruhigende Wirkung zugeschrieben. Alle Arten von Holz sollen in der Anwendung im Raum - dabei ist es gleich, ob es sich um Möbel, Fußboden oder Wanddekoration handelt - das Wohlbefinden steigern.

Nachdem Holz im Wohnbereich für einen längeren Zeitraum durch weiße Wände ersetzt wurde, findet es seit einiger Zeit wieder verstärkten Trend. Studien zufolge hat dieses Phänomen seinen Ursprung in der zunehmenden Verstädterung sowie dem damit verbundenen Drang der Menschen, sich zurück zur Natur zu begeben.

> *Schon gewusst? Holz absorbiert wenig bis gar kein UV-Licht, was dazu führt, dass die Augen über den Tag weniger ermüden.*

Auch hier gibt es vor Beginn der Arbeit einige Überlegungen zu tätigen.

So gilt im Allgemeinen eine ausdrucksstarke Struktur als warm und friedlich. Besondere Aufmerksamkeit erhält die Maserung. Ist diese ruhig, also verlaufen die Muster annähernd parallel zueinander verschaffen sie dem Raum eine entspannte Atmosphäre. Während dunkles Holz gemütlich und schützend wirkt, vergrößert helles Holz den Raum.

> *Übrigens: Dunkles Braun sollte vorrangig den Möbeln vorbehalten bleiben, um eine angenehme Optik beizubehalten.*

Birke

Birke zählt zu den hellen Hölzern. Aufgrund ihrer einzigartigen Rinde eignet sie sich sehr gut als Träger für Wandbehänge. Sie ist sehr oft auch im schwedischen Stil, also in Kombination mit Hellblau oder Gelb bekannt.

Esche / Ahorn / Linde

Auch diese drei Bäume zählen zu den hellen Hölzern. In Kombination mit Pastellfarben oder dezentem Hellblau sagt man ihnen eine beruhigende Wirkung nach.

Eiche

Eiche bezaubert mit ihrer starken Maserung und erfreut sich aufgrund dieser besonderer Beliebtheit. Sie gehört trotz ihrer gelbbraunen Farbe zu den dunklen Hölzern. Dennoch lässt sie sich mit einer Vielzahl von ausdrucksstarken Farben kombinieren.

> *Schon gewusst? Eiche verblasst auch nach vielen Jahren kaum.*

Kirsche / Nuss

Dieses Holz passt mit seiner dunklen rotbraunen Färbung perfekt zu Weiß oder Grau. Nussbäume kommen selbst in Kombination mit Weinrot perfekt zur Geltung.

Buche

Die Buche hebt sich vor allem durch ihre enge Maserung ab. Sie gehört mit ihrer mittelbraunen bis leicht rötlichen Farbe zu den dunklen Hölzern. Auch sie lässt sich sehr gut mit Weiß oder Grau in Einklang bringen.

Nadelbäume

Im Grunde besitzen alle Nadelbäume recht helles Holz. Besonders beliebt ist der ausgeprägte und langanhaltende Duft der Tanne bei und nach den Knüpfarbeiten im Raum. Die Hölzer sind in der Regel recht weich, besitzen jedoch das Manko, dass viele, so zum Beispiel Kiefer und Lärche, entharzt werden müssen. Außerdem sind sie eher schwierig einzufärben.

Exkurs - die Bedeutung von Farben

Traditionell werden Makramees sehr häufig in schlichtem Elfenbeinweiß gehalten. Dies liegt zumeist an der natürlichen Herstellung der Materialien. Dennoch besteht auch die Möglichkeit diese einzufärben oder mittels künstlicher Materialien bereits in farbiger Form zu erwerben. Daher werden wir kurz auf die allgemeine Wirkung und Bedeutung einzelner Farben eingehen:

Rot

Sie ist die wahrscheinlich widersprüchlichste Farbe. Einerseits ist sie eine Signalfarbe und steht für Kraft und Wut, gleichzeitig erweckt rot jedoch Leidenschaft und steht für ausdrucksstarke Gefühle. Im Raum wirken kleinere Akzente warm und anregend. Diese können jedoch bei zu großem Einsatz und vor allem auf nervöse Leute sehr unruhig und aggressiv wirken.

Rosa

Rosa verbildlicht das Mädchenhafte und steht für Zärtlichkeit und Unschuld. Sie mildert die typischen Eigenschaften von rot und wird sehr gern in Kinder- oder Schlafzimmern eingesetzt. Ein freches Pink jedoch ruft förmlich nach unkonventionellen Kontrasten und nach modernen Dekorationselementen wie Keramik, Glasschalen oder Metallen.

Orange

Orange wird nachgesagt, sehr extrovertiert zu sein. Es steht für Geselligkeit und wird gerne für kleine oder dunkle Räume eingesetzt.

Braun

Trotz vieler aus dem Mittelalter stammender, negativer Eigenschaften erfreut sich die Farbe heutzutage einem großen Trend. Sie steht für Bodenständigkeit und lässt sich vor allem im Raum mit natürlichen Stoffen, wie Holz, Leder oder Federn, kombinieren. Ihr wird eine beruhigende Wirkung nachgesagt. Die

Farbe vermittelt nach der fernöstlichen Tradition gemeinsam mit flachen, quadratischen Formen Stabilität.

Gelb

Die Farbe des Lichts und der Freude. Sie soll Wärme und Kreativität ausstrahlen. Auch diese Farbe wird gern zur Therapie gegen Depressionen und Rheuma angewandt. Ihr wird oft eine positive Wirkung in Räumen nachgesagt, in denen viele Menschen zusammen treffen.

Grün

Verschiedenen Studien zufolge steht die grüne Farbe für Sicherheit, Wachstum und Entspannung. Aufgrund ihrer beruhigenden und geradlinigen Wirkung kann sie perfekt in allen Zimmern zum Einsatz kommen. Dabei sollte beachtet werden, dass zu viel Grün den Raum optisch abdunkelt. Sie passt vor allem mit den Farben Gelb, Weiß, Orange oder Braun zusammen. Auch besonders eindrucksvoll zeigt sich die Farbe im Wechselspiel mit gemusterten Stoffen. Ebenso wie Blau wird diese Farbe im Orient gern mit aufrechten und schlanken Formen kombiniert.

Blau

Sie ist die Lieblingsfarbe der meisten Menschen. Obwohl sie die kälteste Farbe ist, wird ihr nachgesagt, eine beruhigende Wirkung zu haben. Sie erweitert Räume optisch und steht für Treue, Sehnsucht und Wahrheit. Besonders geeignet für ihren Einsatz gelten das Bad und das Schlafzimmer. Blau passt perfekt im Wechsel mit Weiß, Beige oder Pastellfarben. Im Orient gilt Blau in Kombination mit aufrechten, schlanken Formen als harmonisch und vermittelt Gelassenheit.

Violett

Violett symbolisiert Macht, Spiritualität und Geheimnis. Sie ist eine sehr starke und – trotz des enthaltenen Rots – eine kalte Farbe. Hier gilt auch wieder das Sprichwort «Weniger ist mehr». Man sagt Violett eine hypnotische, dämpfende

Wirkung nach. Sie kommt am besten im Wechselspiel mit ausgeprägten Kontrasten, zum Beispiel mit Weiß, zur Geltung. Um dem Violetten noch mehr Ausdruck zu verleihen können moderne Materialien wie Edelstahl, Chrom oder Silber hier perfekt ergänzt werden.

Schwarz

Grundsätzlich wirkt Schwarz sehr elegant, ist jedoch in Räumen und bei kleineren Projekten vorsichtig einzusetzen. Schwarz wirkt sehr hart und sachlich.

Weiß

Genau genommen ist auch Weiß keine Farbe, sondern stellt die Summe aller Farben des Lichts dar. Sie symbolisiert Reinheit und Vollkommenheit. Vor allem in Räumen lässt sich Weiß perfekt mit allen Farben kombinieren und lässt Wände in größeren Dimensionen erstrahlen.

Exkurs - die Färbung von Stoffen

Man kann nun frei wählen, ob man sich bereits beim Kauf für farbige Stoffe entscheidet oder diese sogar mit einfachen, alltäglichen Hausmitteln selbst färben möchte. Klar ist eins, Färben mit herkömmlicher Textilfarbe kann jeder. Aber wie wäre es mit Einfärben, wie es bereits im Mittelalter bekannt war?

Zu beachten ist zu allererst eins – Der Stoff sollte möglichst aus natürlichen Stoffen (Jute, Sisal, Baumwolle, Leinen oder Viskose) bestehen oder zumindest einen hohen Anteil dergleichen enthalten. Genau genommen gilt: Je höher der Anteil, desto besser das Ergebnis. Schwierig wird es bei künstlichen Stoffen.

Die Vorgehensweise ist im Grunde genommen immer die gleiche: Jeder Stoff muss zu allererst gebeizt werden. Früher wurde dies mittels einer Mischung aus Ammoniak und Essig, also Urin, erreicht. Heute ist dies nicht mehr gängig. Man unterscheidet daher zwei einfache Alternativen: Einmal das Beizen in Salz, dabei wird auf acht Tassen Wasser eine halbe Tasse Salz gegeben. Die Art des Beizens sollte zum Einsatz kommen, wenn man herkömmliche Pflanzen oder deren Teile zum Färben verwenden möchte. Verwendet man hingegen Beeren, so erfolgt das Beizen mittels Essig. Es werden dabei auf acht Tassen Wasser zwei Tassen Essig angesetzt.

Beim Färben gilt nun, dass Färbemittel und Stoff annähernd zu gleichen Anteilen miteinander gefärbt werden sollten (1:1). Der Sud wird zwar erwärmt, jedoch nicht zum Kochen gebracht!

Bereits im Mittelalter wurde mit identischen Vorgängen gefärbt. Um einen Farbton zu erreichen gibt es unzählige Möglichkeiten. Beispielsweise wurden früher für rote Färbungen weibliche Schildläuse verwendet. Heutzutage ist das zum Glück nicht mehr üblich, stattdessen werden für die **rötliche Töne** Avocadosteine, Heidelbeeren, Kirschen, Himbeeren oder Erdbeeren eingesetzt. Dabei erzielen die Beeren am Ende das stärkste Ergebnis.

Für eine **braune Farbe** werden Walnussschalen, Tee (vor allem Schwarzer Tee) oder Kaffeesatz verwendet. Weiterhin können Zwiebeln, Safran oder Kamille eine gelbliche Färbung hervorrufen.

Eine der ausdrucksvollsten **Gelbfärbungen** wird mittels Kurkuma erzielt.

Für die Farbe **Grün** können Brennnesseln, Schafgabe oder Spinat verwendet werden.

Blau als Naturpigment ist seit jeher am schwersten zu beschaffen. Während diese Färbung früher mithilfe bierhaltigen Urins in einer braungelben Brühe hergestellt wurde – übrigens entsteht die Blaufärbung dabei nicht allein durch diese Kombination, sondern erst durch das Oxidieren an der Luft – werden heute Brombeeren, Rotkohl, Holunderbeeren oder Johannisbeeren für einen lila-bläulichen Ton eingesetzt.

Die Menge an Sud, in dem der Stoff gefärbt wird, ist bei dem Vorgang nicht von Bedeutung, da die Farbpartikel gleich bleiben. Entscheidend ist die Dauer des Einlegens sowie die Grundfarbe des Materials. So wird beispielsweise bei einem weißen Stoff und einem braunen in Kombination mit Himbeeren nie das gleiche Ergebnis zum Vorschein kommen.

Grundlagen des Makramee

Makramees bestehen aus einer Vielzahl aneinander gereihter Knoten, die grundsätzlich ohne Nutzung von Nadeln erfolgt. Hierbei werden verschiedene Formen von Grundknoten unterschieden, auf denen annähernd jede Arbeit aufgebaut ist.

Alle Fäden stellen dabei entweder den Träger- oder den Arbeitsfaden dar. Ihre Position kann dabei im Laufe der Arbeit wechseln.

Der Träger- oder auch Leitfaden dient dabei vor allem dem Halt der Arbeit. Er ist der Mittelpunkt, um den die unterschiedlichen Knoten herum geknüpft werden und verliert während der Arbeit nur eine verhältnismäßig geringe Länge.

Ihm gegenüber steht der Arbeitsfaden oder auch der aktive Faden. Mit ihm werden die Knoten und Schlaufen umgesetzt, wodurch er rasch an Länge verliert.

Der Startknoten

Der Startknoten, der auch doppelter halber Schlag (waagerecht) genannt wird, ist der Beginn annähernd jeder Knüpfarbeit. Der Strick wird zu allererst doppelt gelegt, sodass eine Schlaufe entsteht. Diese wird unter die Halterung (dies kann ein Kochlöffel, ein Ast oder ein sonstiger Stab sein) gelegt. Die beiden Fäden werden nun um diese Halterung herum gewickelt und durch die Schlaufe geführt. Im Ergebnis sollte das wie auf dem Bild dargestellt aussehen.

Praxistipp: Man kann alternativ auch eine Schlaufe legen, durch die Daumen und Zeigefinger geführt werden. Die Schlaufe befindet sich nun auf dem Handrücken, während die offenen Fäden parallel zum Unterarm liegen. Nun wird die Hand in dieser Haltung nach unten gekippt, sodass Daumen und Zeigefinger die offenen Fäden umschließen. Das Ganze wird dann auf einen Finger zusammengeschoben und kann ganz leicht auf das Trägermaterial übertragen werden.

Der halbe Schlag (senkrecht)

Bei den folgend aufgeführten Knoten wird immer davon ausgegangen, dass der Startknoten erfolgreich ausgeführt wurde. Aus diesem Grund gehen wir nun, wie auf dem Bild zu sehen, von zwei Fäden aus – dem Leitfaden, welcher gerade nach unten gehalten wird, während der zweite Faden (in meinem Fall der linke) der aktive Faden ist.

Der aktive Faden wird nun über den Arbeitsfaden entlang geführt und auf der anderen Seite unten durch zu einer Schlaufe zusammengefügt. Nach mehrfacher Wiederholung entsteht unten abgebildete Struktur. Hier ist es günstig, wenn das ganze Konstrukt befestigt ist. um den Leitfaden straff zu stabilisieren und einen gewissen Widerstand zu erzeugen.

Man unterscheidet verschiedene Varianten des halben Schlags:

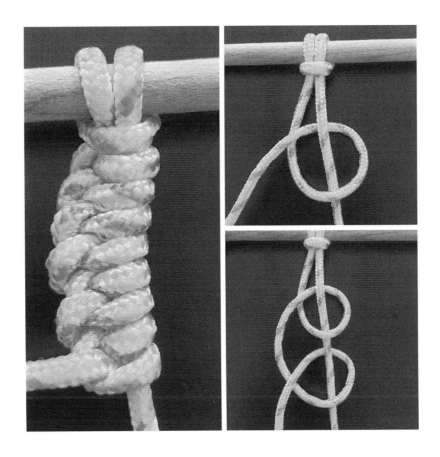

So kann man auch einen **doppelten halben Schlag** knüpfen. Dieser sieht ähnlich aus wie der Startknoten, wird jedoch im Gegensatz zu jenem senkrecht um den Leitfaden herum geknotet. Zu beachten ist hier, dass stets zwei Knoten eine Einheit bilden. Diese werden entgegengesetzt geknüpft. Folglich, wenn der erste Knoten oberhalb des Leitfadens geführt wird und die Schlaufe unterhalb geschlossen wird, wird der zweite Knoten unterhalb des

Leitfadens gefädelt und oberhalb geschlossen. Dieses Schema ist nochmal bildlich veranschaulicht.

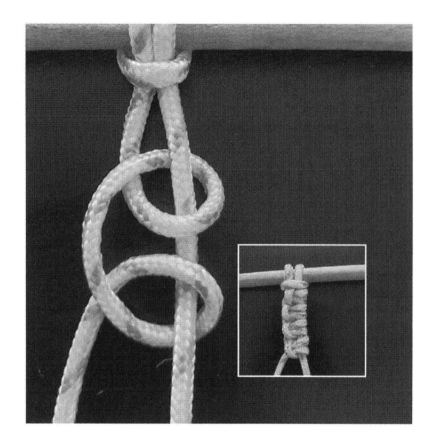

Der doppelte halbe Schlag kann auch **beidseitig** erfolgen. Hierfür benötigt man zwei doppelt gelegte Fäden. Diese werden wieder mit dem Startknoten befestigt und nebeneinander gelegt. Die beiden inneren Fäden bilden nun den Leitfaden, während die beiden äußeren zur Herstellung der Knoten eingesetzt werden. Zuerst wird in meinem Beispiel mit rechts begonnen. Wie eben beschrieben, wird ein einfacher doppelter Schlag um beide innen liegenden Leitfaden geknüpft. Nun wird das Gleiche mit dem linken äußeren Faden wiederholt, sodass folgendes Muster entsteht:

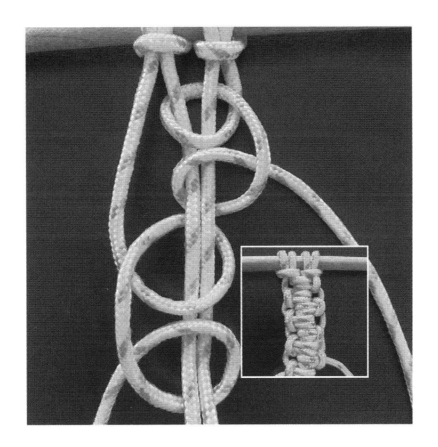

Zwischen den einzelnen doppelten Schlägen können **Abstände** von zirka ein bis zwei Zentimetern gelassen werden. Man kann hier frei entscheiden, ob man zuerst mehrere am Stück knüpfen möchte und diese gemeinsam nach oben zu einer Einheit schiebt, oder dieses nach jedem Knoten einzeln durchführen möchte. Folgendes Muster entsteht mittels letzterer Vorgehensweise.

Der Kreuzknoten

Für den Kreuzknoten werden wieder zwei Fäden benötigt.

Nachdem sie mittels des Startknotens doppelt gelegt wurden, werden die beiden inneren Fäden wieder als Leitfäden verwendet. Ähnlich wie bei einem einfachen Knoten werden dabei die beiden Arbeitsfäden ineinander gewunden. Hierbei ist zu beachten, dass der erste Faden oberhalb der beiden Leitfäden entlang geführt wird und unterhalb des gegenüberliegenden Arbeitsfadens. Dieser wird unterhalb der beiden Arbeitsfäden entlang gelegt und auf der anderen Seite durch die entstandene Lasche gefädelt.

Führt man dieses Vorgehen vielmals fort, entsteht eine besondere Abwandlung des Kreuzknotens: der Wellenknoten. Wichtig ist, dass immer die gleiche Richtung beibehalten wird. Liegt also wie in meinem Beispiel der linke Faden oberhalb der beiden Leitfäden, so muss er immer oberhalb geknotet werden. Automatisch entsteht so eine Spirale, die Knoten drehen sich regelmäßig in die gleiche Richtung ein – in diesem Fall nach rechts. Wird andersherum vorgegangen, so entsteht eine Linksspirale.

Wechselt man stattdessen die Richtungen der Arbeitsfäden. so erhält man ein gerades, deutlich ruhigeres Muster. Mit Wechsel ist hier gemeint, dass der Faden, der beim ersten Knoten oberhalb der Leitfäden entlang geführt wurde, immer oberhalb bleibt.

Folglich ist der linke Faden nach rechts gehend oben, so ist er auch von rechts nach links wieder oben. Am einfachsten merkt man es sich anfangs, indem man zwei verschiedenfarbige Fäden verwendet, zum Beispiel einen blauen und einen roten. Der rote ist dabei immer oben ODER immer unten.

Hat man diese Technik verinnerlicht, kann man sogar noch einen Schritt weiter gehen. Wieder zu beachten ist, dass zwei Knoten eine Einheit bilden. Dann kann man, genau wie beim senkrechten halben Schlag, eine Lücke zwischen den Einheiten lassen. Diese können auch wieder frei gewählt werden. Günstig ist auch hier wieder, ein bis zwei Zentimeter Platz zu lassen, je nach Geschmack kann dies aber auch gern mehr sein.

Dies ist aber noch nicht alles, denn auch diese Abwandlung findet noch eine Form der Steigerung. Der folgende Knoten wird auch als wechselnder Kreuzknoten bezeichnet.

An dieser Stelle sollte erwähnt werden, dass ein Leit-/ und ein Arbeitsfaden auch während der Arbeit ihre Aufgaben wechseln können.

Man beginnt mit einem einem doppelten Kreuzknoten bzw. der zuvor genannten Einheit zweier Knoten (einer nach rechts und einer nach links ausgerichtet). Danach werden die außenliegenden Fäden nach innen gelegt, wechseln also ihre Rolle und stellen nun die Leitfäden da. Wiederum werden die nun außenliegenden Fäden mittels zwei Kreuzknoten zusammengefügt. Wiederholt man dies, sollte folgendes Muster entstehen:

Der Rippenknoten

Beim Rippenknoten unterscheidet man zwei gängige Varianten. Einerseits kann dieser horizontal, andererseits auch diagonal gearbeitet sein. Die Handhabung ist bei beiden annähernd identisch, daher wird vorerst nur auf den horizontalen näher eingegangen.

Damit dieser Knoten seine volle Wirkung erzielen kann, sollten mehrere Fäden Verwendung finden. Dabei wird im unten abgebildeten Fall der ganz linke Faden (man beachte wieder, dass die Fadenanzahl durch vier teilbar sein sollte) einmal oberhalb aller anderen Fäden nach rechts geführt wird. Er stellt den Leitfaden dar. Alle weiteren Fäden werden insgesamt zweimal um den Leitfaden gewickelt. Wichtig ist dabei, dass immer entgegengesetzt der Laufrichtung des Leitfadens geknotet wird, da sich der Knoten sonst wieder lösen könnte. In dem unten dargestellten Fall bedeutet dies, dass der

Leitfaden nach rechts führt, also müssen alle Arbeitsfäden nach links ausgerichtet werden.

Beim horizontalen Rippenknoten sieht dieser Vorgang wie folgt aus: Während beim Schrägen schlichtweg die Knoten nicht in gleicher Höhe angeordnet werden, sondern der linke Leitfaden bereits diagonal gelegt wird und sich alle weiteren Schlaufen dem Winkel anpassen, also mit steigendem Abstand zum Startknoten anordnen.

Wir werden diesen in späteren Beispielen ebenfalls durchführen.

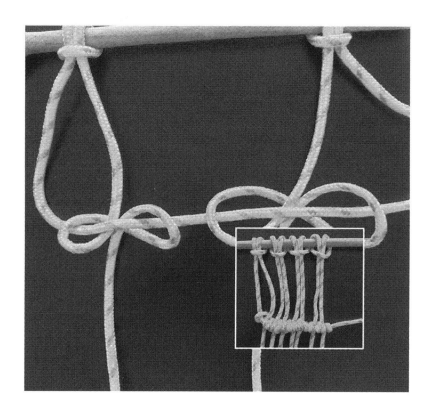

Der Abschlussknoten

Der wohl einfachste Knoten in der Auflistung ist der Abschlussknoten oder einfache Überhangknoten. Entweder kann dieser einzeln oder auch mit mehreren Fäden durchgeführt werden. Die Fäden werden ähnlich wie eine Brezel gelegt und festgezogen.

Eine weitere wunderschöne Variante des Abschlusses ist der mehrfache Überhangknoten. Hierbei wird zu allererst eine Schlaufe von unten nach oben gelegt. Diese sollte minimal größer als die gewünschte Länge des Knotens sein. Mit dem gleichen Faden werden nun alle weiteren Fäden von oben nach unten, also Richtung Schlaufe, umwickelt. Am Ende angekommen wird der Arbeitsfaden durch die Schlaufe gefädelt und der ganze Knoten gleichmäßig fest gezogen.

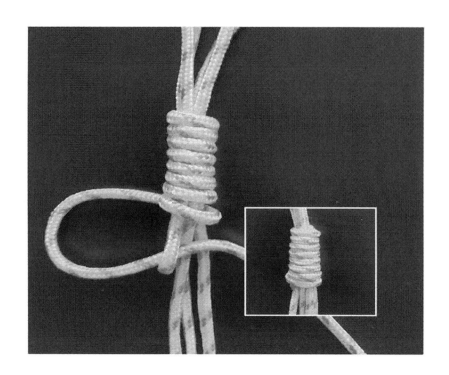

Do-It-Yourself Projekte

Freundschaftsarmbänder

Freundschaftsarmbänder als Zeichen der Verbundenheit sind bereits in den alten Indianervölkern Zentral- und Südamerikas angewandt worden. Nach ihren Traditionen handelt es sich um ein um das Handgelenk getragenen Schmuckstück. Während des Umbindens, so sagt man, kann sich die Person etwas wünschen. Das Armband wird so lange getragen, bis es von selbst abfällt. Ist der Zeitpunkt eingetreten, so soll der Wunsch erfüllt sein.

Seit den 1980er Jahren gewannen sie auch in unserer Gesellschaft an großer Beliebtheit. Ein solches Freundschaftsarmband besteht in der Regel aus einem weichen, stabilen Material wie Baumwolle.

Wir werden nun auf ein paar Knüpfarbeiten eingehen:

Sehr beliebt ist hierbei die Verwendung des einfachen **halben Schlages**.

1

Kurz zur Erinnerung – es werden zwei ausreichend lange Fäden verwendet, die in der Mitte mittels einer Schlaufe „halbiert" werden, sodass in Summe vier Fäden entstehen. Die beiden mittleren stellen durch das ganze Projekt hindurch die Leitfäden dar und werden im Grunde nicht angefasst. Aus diesem Grund können Sie auch, im Vergleich zu den Arbeitsfäden, kürzer ausfallen. Sie sollten jedoch mindestens die Länge des gewünschten Ergebnisses aufweisen.

2

Wer symbolisch noch etwas ganz besonderes darstellen möchte, der nimmt zwei verschiedenfarbige Fäden. In meinem Fall habe ich mich für einfache Wolle, die es in annähernd jedem Geschäft vorrätig gibt, entschieden. Diese werden nun so gelegt, dass eine Farbe, also jeweils beide Fäden dieser Farbe, rechts und die anderen beiden Fäden der zweiten Farbe links angeordnet sind.

Die Arbeitsfäden werden abwechselnd wieder um die Leitfäden herum geknotet. Wendet man dieses nun fortlaufen an, so erscheint ein Muster, welches optisch einem Reißverschluss sehr nahe kommt und die Verbundenheit nochmals verstärkt.

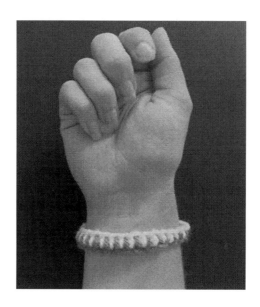

Es gibt spezielle Verschlüsse für Armbänder günstig zu kaufen. Gern können diese Hierbei angewandt werden. Ich selbst habe darauf verzichtet und mich dafür entschieden mein Armband ganz traditionell zusammenzubinden.

Neben den traditionellen Knotentechniken kann auch die bekannte Technik des **Scoubidou** zum Einsatz kommen:

1

Hierbei werden wieder vier Fäden genutzt. Am besten funktioniert es, wenn man am Anfang eine Schlaufe legt und diese an einem stabilen Gegenstand oder einfach mittels eines Klebebands am Tisch befestigt.

2

Die Fäden werden nun im rechten Winkel über Kreuz gelegt.

3

Man unterscheidet jetzt zwei Vorgehensweisen:

a)

Jeder einzelne Faden wird jetzt der Reihe nach über den rechts von ihm liegenden Faden gelegt.

> *Übrigens: Dies geht natürlich auch in entgegengesetzter Richtung.*

Hat man diese Vorgehensweise einmal mit allen vier Fäden vollbracht, so wird der letzte Faden durch die erste Schlaufe gezogen. Unten ist eine entsprechende Darstellung zu sehen.

Nach mehreren Reihen sollte nun ein spiralenähnliches Muster zu sehen sein. Am besten lässt es sich anfänglich wieder mit zwei unterschiedlichen Farben einprägen.

Möchte man statt der Spirale lieber ein geradliniges Muster erreichen, so ist wie folgt vorzugehen:

Es ist darauf zu achten, dass alle Fäden auf die gegenüberliegende Seit geknüpft werden. Das Schema bleibt grundsätzlich das gleiche.

Die Affenfaust

Auch als Affenfaust bekannt, dient dieser Knoten ursprünglich der Beschwerung einer Wurfleine. Vorrangig fand er beim Klettern und in der Marine Einsatz. In der Marine ist dieser Knoten jedoch mittlerweile aufgrund seiner Festigkeit und damit verbundener zahlreicher Verletzungen an Personen durch Würfe verboten.

Gleichzeitig ist er aufgrund seiner Stabilität einer der beeindruckendsten Knoten. Besonders beliebt ist der Knoten heute noch als Schmuckgegenstand. Immer wieder begeistert der Knoten zudem mit seiner Flexibilität. Man kann ihn in nahezu allen Größen anfertigen kann. Vom Schlüsselanhänger bis zum Hundespielzeug stellt er eine der langanhaltendsten Ausführungen des Makramee dar.

> *Übrigens: Als Kauspielzeug für Hunde gilt die Affenfaust als nahezu unzerstörbar und eignet sich damit perfekt für massive Kauer.*
>
> *Dennoch gilt auch hier: Nur unter Aufsicht einsetzen!*

Der Ball wird jeweils mittels drei einander gegenüberliegender Seile geknüpft.

1

Je nach Größe des Fadens, bzw. Seils kann der Faden jeweils dreimal um die Finger (Zeige- bis kleiner Finger) der Hand gewickelt werden.

2

Nun wird die Richtung gewechselt. Es werden wieder drei Schlaufen im rechten Winkel um die eben gezogenen Fäden gelegt.

3

Das Gleiche wird zu guter Letzt noch einmal um die inneren Fäden vorgenommen.

4

Nun ist die Grundstruktur des Balles fertig. Was noch bleibt ist das in Form bringen der einzelnen Fäden, sodass ein rundes Objekt entsteht.

Die Feder / das Blatt

Wir haben bereits die Bedeutung der Feder geklärt. An diesem Punkt ist zu erwähnen, dass diese auch selbst mit Hilfe vom Knoten hergestellt werden kann.

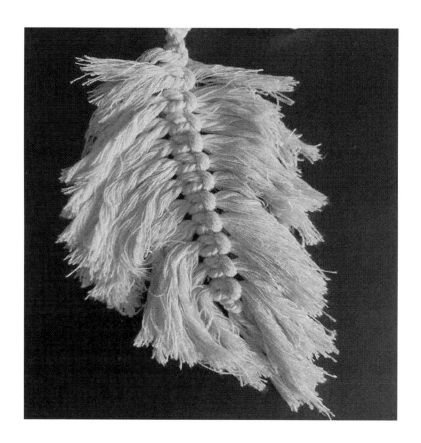

1

Der Ausgangspunkt hierbei ist ein oder mehrere hängende Fäden. Diese sind in der Regel am Ende mehrerer Knoten vorzufinden.

2

Man schneidet nun eine ganze Reihe kürzer Fäden ab. Dies können auch Reste aus anderen Projekten sein. Hier gilt – nicht gleich wegwerfen.

3

Liegen die waagerecht hängenden Fäden nun vor einem, so werden jeweils zwei kurze Fäden mittels einer Art doppelten halben Schlag drumherum geknotet. Dabei werden beide Fäden zu allererst zu einer Schlaufe gelegt. Eine wird oberhalb und die andere entgegengesetzt unterhalb der senkrechten Fäden, welche übrigens die Basis des Federkiels darstellen, abgelegt. Die offenen Enden der Fäden werden jetzt durch die Schlaufe hindurch gefädelt und fest gezogen. Dieses Vorgehen wird so lange wiederholt, wie die Feder lang sein soll.

4

Ist man am Ende angekommen, werden alle Fäden, rechts und links sowie die herunterhängenden, ausgekämmt und gleichmäßig mit der Schere gekürzt.

Schmuckschlaufen

Seit Beginn der Menschheit ist der Schmuck ein ständiger Begleiter. Er untermauert die soziale Stellung und trägt zur maßgeblichen Verschönerung einer Person oder eines Objektes bei. Dabei werden Anhänger aus sämtlichen Materialien hergestellt. Dies kann aus Edelsteinen, Muscheln, Metallen, Holz oder Glas hergestellt werden. Eine Variante stellt damit auch das Makramee in seiner Eigenart dar. Von der eben beschriebenen minimalistischen Kugel bis hin zu pompösen Knotengeflecht ist alles offen.

> *Übrigens: Die Zierde kann sogar so weit gehen, dass ganze Kleidungsstücke wie Blusen, Gürtel oder Handtaschen geknotet werden.*

Neben den klassischen Grundknoten finden im Bereich des Schmucks weitere unkonventionelle Methoden ihren Einsatz.

Der Herzknoten

Ein recht einfacher und dennoch wunderschöner Knoten ist der Herzknoten. Damit dieser Knoten seine sehr schöne Wirkung erzielen kann, ist es ratsam breitere Fäden oder Seile zu verwenden. Als eher ungeeignet hat sich hier sehr weiches und widerstandsloses Material wie Wolle bewiesen.

1

Es wird mit einem einfachen Brezelknoten begonnen. Dieser ist im Alltäglichen auch als einfacher Knoten (beispielsweise zum Schuhe binden) bekannt. Einziger Unterschied ist, dass er nicht zwei Schnüre verbinden soll, sondern an ein und dem gleichen ausgeführt wird.

2

Unten angekommen wird eine Schlaufe gebildet und genau der gleiche Weg auf die gegenüberliegende obere Seite der Brezel zurück gelegt. Dabei bleibt die Schlaufe locker.

3

Um das oben erreichte Ende wird eine weitere Schlaufe gelegt. Diese führt nun um den oberen Rand der „Brezel". Immer entgegengesetzt zu den bereits gelegten Fäden wird dieser nun wieder bis nach unten geführt.

Um den ganzen Knoten noch etwas mehr zu betonen, kann man statt eines einfachen Fadens auch mehrere nehmen. Diese werden nebeneinander gelegt und mit etwas Geschick genau nach dem gleichen Schema geknüpft.

Der Trossenstek-Knoten

Der Knoten wird auch als Josephinenknoten bezeichnet. Er kann, ähnlich wie der Herzknoten, perfekt als Schmuckknoten eingesetzt werden. Oftmals findet er auch bei Blumenampeln oder Haarreifen Verwendung.

1

Man benötigt zwei Fäden für diesen Knoten. In meinem Beispiel habe ich diese gleich doppelt gelegt.

2

Nun legt man einen zu einer Schlaufe mit der offenen Seite über Kreuz.

3

Legt man nun die zweite Schlaufe genau umgekehrt darüber, sieht man schnell welche Abschnitte entgegengesetzt zur untersten Schlaufe gelegt werden müssen und setzt dies um. Gehen wir von dem abgebildeten Beispiel aus, so bedeutet das, dass der von links nach rechts verlaufende Faden (der unteren Schlaufe) oben liegt. Folglich muss dieser als nächstes unterhalb der darüber befindlichen Schlaufe gelegt werden. Der von rechts nach links verlaufende Faden wird hingegen umgekehrt über der oberen Schlaufe befestigt. Man wiederholt genau diesen Vorgang auf der anderen Seite, sodass dieser Knoten entsteht.

4

Zum Schluss werden die einzelnen Schlaufen vorsichtig fest gezogen.

Der Hohenzollernknoten

Auch als Bootsmannknoten bekannt, diente er ursprünglich als Abzeichen in der Marine. Er beschreibt eine Form des sogenannten Platting. Das bedeutet, dass der Knoten sich flach auf der Geraden befindet, er reicht also nicht 3-dimensional in den Raum.

Oftmals ist es einfacher, wenn man sich das Muster als Skizze auf ein Blatt Papier aufzeichnet. Dies könnte in etwa so aussehen:

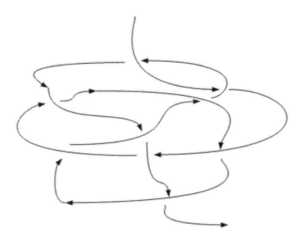

Nun wird der Faden entlang der gezeichneten Linie gelegt. Hier gilt: Die durchgehende Linie liegt oben, während die unterbrochene Linie unterhalb des Fadens liegt.

Zu guter Letzt werden die einzelnen Fäden fest gezogen. Es sollte folgendes Muster entstehen:

Keltische Knotentechniken

Die Kelten stammen aus der Zeit vor der Geburt Christi. Bis heute ist die Mythologie nur sehr wenig erforscht. Allerdings scheint es anhand der zahlreichen Steinzeichnungen als hätte die Kunst einen sehr hohen Stellenwert besessen. Daher gibt es bedeutende Symbole, die heute in ihrer Anwendung nach wie vor Tradition haben.

Einige dieser Symbole haben ihren Weg dabei ins Makramee gefunden und können entsprechend nachgestellt werden.

Der Achterknoten

Dieser Knoten symbolisiert die Unendlichkeit und findet vorrangig bei dem Knüpfen von Freundschaftsarmbändern Anwendung. Egal, ob man einen einzelnen Knoten knüpfen möchte oder ein Armband beginnt, der (erste) Knoten wird immer mit einer Schlaufe begonnen, durch die die Acht letztlich geknotet wird. Bei allen folgenden Knoten wird die Verbindung durch die Schlaufe des vorderen Knotens gelegt.

Das Kleeblatt

Das Kleeblatt steht auch heute noch für Glück und Lebenskraft. Vor allem findet das selten vorkommende vierblättrige Kleeblatt Bedeutung.

1

Man benötigt im Grunde nur einen einzigen Faden.

2

Dieser wird wieder wie auf dem Bild geknüpft. Auch hier kann man sich alternativ eine kleine Skizze anfertigen.

3

Am Ende werden wieder alle Fäden fest gezogen und man hat einen wunderschönen Anhänger.

Die Triskele

Sie steht als Symbol des Lebens, genau genommen für «Das Werden, das Sein und das Vergehen»

Man hat hierbei zwei Varianten dieses Symbol nachzustellen. Diese unterscheiden sich nur in einem winzigen Detail:

1

Entsprechend des Abbildes werden nun die Fäden gelegt. Wem es leichter fällt, der kann sich auch hier wieder eine ausreichend große Skizze anfertigen und danach knüpfen.

Wie gut zu erkennen ist, liegt der einzige Unterschied in der oberen Schlaufe. Diese ist entweder als Lasche gerade oder über Kreuz gelegt.

Die Knoten werden nun nur noch fest gezogen.

Die Blume

Auch wenn jede Blume ihre eigene Bedeutung hat, so kann man sie allgemein als glückbringend bezeichnen. Als Geschenk ist sie weiterhin ein Zeichen von Zuneigung.

Man hat wieder die freie Entscheidung, ob das unten abgebildete Foto zum Nachstellen ausreicht oder ob man sich eine kleine Skizze anfertigen möchte. Erfahrungsgemäß ist man mit einer Skizze nicht unbedingt langsamer.

2. Nachdem die erste Runde erfolgt ist, geht man genau so erneut vor. Nur folgt man den bereits vorhandenen Fäden. Wie oft man dies nun wiederholt bleibt jedem selbst überlassen. Wichtig ist lediglich, dass man die Fäden zwar der Optik halber etwas in Form bringt, jedoch vor der letzten Runde nicht endgültig verankert.

3.

Die Abschlussknoten

Um eine Kette oder ein Armband abzuschließen, kann man sich verschiedenster Materialien bedienen. Wer auf konventionelle Verschlüsse verzichten möchte, der findet hier mehrere Möglichkeiten:

Es besteht die Möglichkeit einen einfachen Überhangknoten als Abschluss zu nutzen.

Man kann einen mehrfachen Überhangknoten verwenden. Bei Armbändern kann man diesen auch schon am Anfang verwenden, um das Band förmlich damit zu umschließen.

In meinem Fall habe ich eine Kette veranschaulicht. Hierbei umschlingt der Überhangknoten den Anhänger. Vorteil hierbei ist, dass die Größe individuell verstellbar ist und der Knoten nie wieder geöffnet werden muss. Weiterhin hängt die Kette tief im Dekolleté und betont dieses entsprechend.

Wer es etwas jugendlicher und frecher vorzieht, der verwendet einfach zwei mehrfache Überhangknoten. Hierbei wird wie folgt vorgegangen:

Die Enden der Kette werden großzügig übereinander gelegt.

2

Nun wird mit jedem Ende ein mehrfacher Überhangknoten um den anderen Faden geknotet.

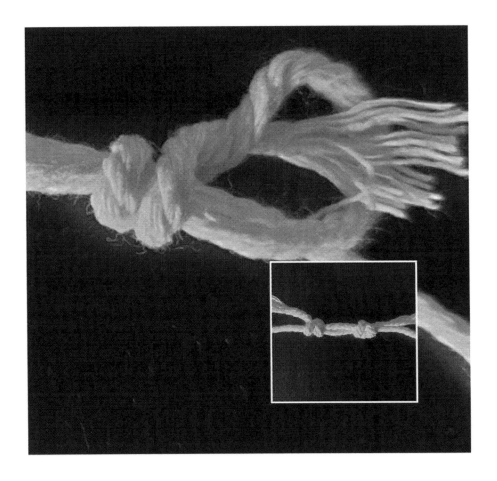

Neben den traditionellen Verschlüssen kann man auch selbst aktiv werden. Hier kann wieder der mehrfache Überhangknoten verwendet werden. Es gibt nun mehrere Möglichkeiten: Entweder man fädelt das andere Ende durch ihn hindurch, wie auf dem folgenden Bild zu sehen, oder man verwendet den zweifachen Überhangknoten. Diese werden dabei jeweils um das andere Ende der Kette geknotet. Vorteil bei beiden Varianten ist, dass sich die Kette in ihrer Länge variieren lässt. Mehr Stabilität bietet dabei der zweifache Überhangknoten.

Der Verschluss

Bereits ganz am Anfang sind wir darauf zu sprechen gekommen, dass hier unzählige Varianten zur Anwendung von Verschlüssen, wie Karabiner, möglich sind. Hier ist eine weitere Variante das Projekt, ganz gleich ob Armband, Kette oder Schlüsselanhänger, zu befestigen.

1

Ausgangspunkt ist ein Faden, der in Schlaufe gelegt ist. Hierbei ist es egal, ob es sich nur um eine Schlaufe oder mehrere handelt. Um eine Übersicht zu geben, wird jetzt die einfache Schlaufe verwendet.

2

Die Schlaufe wird um das zu befestigende Objekt herum zu einem Brezelknoten geknüpft.

Das Objekt wird einmal durch die Schlaufe geführt und festgezogen.

Der Schutzengel

Die Wurzeln der Verehrung von Engeln reichen bis ins alte Judentum. Ihnen zu Ehren hat die katholische Kirche sogar einen Feiertag ins Leben gerufen, deren Botschaft sein soll, dass Gott die Menschen durch seine Engel beschützen lässt. Sie sind das Symbol für Reinheit und Liebe.

Wie genau sie jedoch aussehen ist nirgends festgehalten. Nach Annahmen seien sie helle Lichter Gottes und tragen Flügel aus weißen oder goldenen Federn. Symbolisch breiten sie ihre Flügel schützend über die Menschen aus.

Ein Schutzengel als Schmuckstück oder Schlüsselanhänger ist daher so beliebt, da man sie überall mit hinnehmen kann. Es soll ausdrücken, dass, auch wenn man selbst nicht in der Nähe ist, ein Schutzengel über diese Person wacht. Wichtig ist hierbei, dass sie klein und handlich sind, daher werden sie oftmals stark vereinfacht dargestellt.

1

Um den folgenden Schlüsselanhänger zu knoten benötigt man zu allererst einen Grundfaden. Dieser sollte dabei nicht all zu dick sein, sodass man Perlen über seine Schlaufe fädeln kann.

2

Danach kommen schon die beiden Perlen über den Faden. Jetzt schneidet man neun Mal zwei kurze Fäden zurecht. Diese können auch Reste anderer Werke sein, also immer daran denken, nicht gleich alles was übrig ist wegzuschmeißen.

3

Es wird wieder eine Art doppelter halber Schlag, ähnlich wie beim Startknoten, verwendet. Die Fäden werden folglich doppelt gelegt. Die Schlaufe und das Verknoten erfolgen um den Trägerfaden herum.

4

Zu guter Letzt werden die Reste wieder ausgekämmt und in Form geschnitten, Hierbei kann man ruhig etwas mutiger vorgehen und einen Schwung in die Fransen schneiden, sodass sie einem Flügel ähneln.

5

Da man nun genau die Länge des benötigen Trägerfadens weiß, kann man diesen oberhalb der beiden Perlen mittels eines mehrfachen Überhangknotens abschließen.

Die Girlande

Neben dem Körperschmuck erfüllt das Makramee seine wohl entscheidendsten Aufgaben in der Gestaltung von Räumlichkeiten. Um einige Beispiele aus diesem Bereich zu durchleuchten beginnen wir zunächst mit einfachen Projekten.

Mit einer Girlande wird ein dekoratives Band beschrieben, welches in der Regel aus Blumen, Laub, Papier oder Stoff besteht. Dabei handelt es sich um ein tendenziell schmales, langes Geflecht, was vor allem durch die Wiederholung seiner Strukturen gekennzeichnet ist. Obwohl die tatsächliche Bedeutung nicht bekannt ist, geht man davon aus, dass diese Gebilde bereits in der römischen Antike und in der Renaissance ihre Beliebtheit feierten. Noch heute werden sie gern zu feierlichen Anlässen wie Weihnachten, Silvester, Geburtstagen oder Hochzeiten zur Dekoration eingesetzt.

Für ein Element der Girlande wird jeweils wie folgt vorgegangen:

1

Es wird statt einem festen Gegenstand, in der Regel ist dies ein Ast oder ein Holzstab, ein Seil zur Befestigung verwendet. Daran werden nun beliebig viele Fäden mittels Startknoten befestigt. Wieder zu beachten ist hier, dass die Anzahl möglichst ein Vielfaches von vier darstellen sollte. In meinem Fall sind es acht Fäden.

2

Es wird ein doppelter Kreuzknoten durchgeführt, also einmal nach rechts und einmal nach links ausgerichtet. Dieses wird nun mit jedem Fadenpaar wiederholt, also dem ersten und zweiten, dem dritten und vierten usw..

In der zweiten Reihe wird das Gleiche mit dem zweiten und dritten, dem vierten und fünften usw. geknotet. Am Ende bleibt nur noch ein Fadenpaar übrig.

3

Hat man nun ein vollständiges Dreieck, so kommt der diagonale Rippenknoten beidseitig zum Einsatz. Einmal wird der ganz linke Faden als Leitfaden bis zur Mitte gelegt und von der anderen Seite erfolgt genau das Gleiche mit dem rechten. Alle anderen Fäden umwickeln den Leitfaden jeweils zweimal. Wieder unbedingt zu beachten ist, dass die Richtung der Arbeitsfäden entgegengesetzt dem Leitfaden ist.

4

In der Mitte werden beide Leitfäden miteinander verknoten. Die restlichen Fäden werden jeweils gekürzt und mit Hilfe einer Gabel oder eines Kammes ausgekämmt.

Glöckchen und Pompons

Nahezu jedes Zubehör, welche bereits ganz am Anfang beschrieben wurden, kann man optisch mit selbst hergestellten Elementen aus dem Makramee ergänzen oder ersetzen.

1

Hierbei werden zunächst dünne Fäden um einen Gegenstand oder um die Handfläche herum gewickelt. Je länger man dies ausübt, desto mehr Volumen erhält das Ergebnis. Dieser Schritt ist sowohl bei Pompons, als auch bei den Glöckchen gleichermaßen durchzuführen.

Ab diesem Schritt unterscheidet sich die Vorgehensweise minimal:

2 a)

Danach wird ein weiterer Faden genutzt und wie folgt vorgegangen. Bei einem Pompon wird dieser in der Mitte um alle Fäden gewickelt und so fest wie möglich gezogen. Die dadurch entstandenen Schlaufen werden mittels einer Schere aufgeschnitten und gleichmäßig gekürzt. Gerne können hierbei die abstehenden Fäden ausgekämmt werden. Das erzeugt wieder mehr Volumen.

b)

Bei einem Glöckchen wird etwas anders vorgegangen. Man knotet einen weiteren Faden um die einfachen Fäden, dort wo die Aufhängung erfolgen soll. Die restlichen Fäden werden am gegenüberliegenden, also am unteren Ende aufgeschnitten. Mit noch einem weiteren Faden und einem einfachen Doppelknoten, alternativ dem höherwertigen mehrfachen Überhangknoten, wird der „Kopf" vom Behang getrennt. Die frei hängenden Fäden werden wieder mit der Schere korrigiert.

Um noch mehr Volumen in den Kopf des Glöckchens zu bekommen und diesen zugleich noch stabiler aufzuhängen kann ein doppelter (Brezel-)Knoten zuerst nach oben, also in Richtung Aufhängung, bzw. drumherum erfolgen und dann nochmal nach unten, sodass die Fransen gleichmäßig hängen.

> *Übrigens: möchte man das Pompon oder das Glöckchen mit der Girlande verbinden, so ist es ratsam das Verknoten direkt mit dem tragenden Seil der Girlande durchzuführen.*

Die Blumenampel

Aus dem lateinischen stammend, bedeutet das Wort «ampulla» auch hängendes Gefäß. Ursprünglich waren damit Flaschen oder Ölgefäße gemeint.

*Übrigens: Erst weit später wurde
mit der Ampel ein Licht verbunden.
Die Anfänge finden sich in der
Kirche wieder, wo Öllampen
angebracht wurden.*

Abstrahiert wird heute damit eine Aufhängung für Blumentöpfe beschrieben. Grundsätzlich können dabei alle Arten von Blumen verwendet werden. Dennoch gilt der veränderte Lichteinfall zu berücksichtigen, weshalb Hängepflanzen am besten geeignet sind.

In der Regel werden Blumenampeln an einem Haken an der Decke befestigt und sind damit frei im Raum hängend. Hierbei geht man wie folgt vor:

Grundsätzlich wird wieder von oben nach unten geknotet. Man beginnt also mit der Aufhängung. Diese kann entsprechend der gerade beschriebenen Möglichkeiten in mehreren Varianten ausfallen.

Gut lässt sich hierbei entweder eine feste Schlaufe oder, so auch in diesem Fall, ein Ring einarbeiten. Dieser wird mittels eines Startknotens fest verbunden. Allerdings wurden die Knoten dieses mal nicht nebeneinander gesetzt, sondern ineinander.

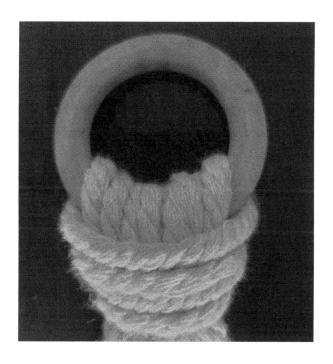

2

Danach wird sich wieder des doppelten Kreuzknotens bedient. Ist man nun der Meinung, dass die Knoten eine ausreichende Länge haben, so wird mit dem Netz begonnen, welches den Blumentopf später trägt.

3

Für das Netz und damit den Schwerpunkt der Blumenampel gibt es unzählige Varianten. Wir werden nun ein paar ausgewählte vorstellen.

a)

Dies ist die simpelste Möglichkeit: In beliebigem Abstand werden nun immer die nebeneinander liegenden Fäden mittels einfacher Überhangknoten miteinander verbunden. Bei diesem Vorgang wurden vier doppelte Fäden verwendet. Dies ist auch die unterste Anzahl an zu verwendenden Seilen. Je mehr man nimmt, desto umfangreicher wird das Werk und desto mehr unterschiedliche Knoten können zum Einsatz kommen.

Übrigens: Die Arbeit wird stark erleichtert, wenn man das zu tragende Gefäß bereits zur Hand hat und um dieses herum knotet.

b)

Statt einem einfachen Überhangknoten wird häufig auch ein doppelter Kreuzknoten eingesetzt. Hierbei ist zu beachten, dass die doppelte Anzahl an Fäden benötigt wird.

c)

Hier lässt sich auch gut der oben beschriebene Trossenstek-Knoten als besonderer Hingucker verwenden. Je nach dem, wie dieser ausfallen soll, ist jedoch auch hier darauf zu achten, dass bereits zu Beginn mit entsprechend vielen Seilen begonnen wird. Dies bedeutet in dem Fall, dass man für jeden Knoten vier Fäden benötigt. Diese müssen insgesamt mindestens viermal nebeneinander bestehen, um ein stabiles Netz zu erzeugen. Also muss man mit mindestens acht doppelten (16 einfachen) Fäden beginnen.

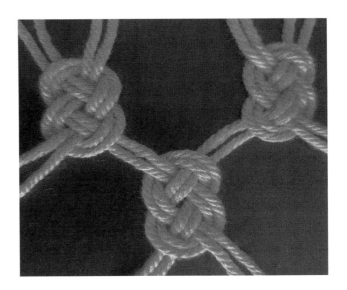

4. Um das Projekt abzuschließen eignet sich immer ein mehrfacher Überhangknoten. Die Enden werden wieder regelmäßig eingekürzt und nach Belieben ausgekämmt.

Dem entgegen können Blumenampeln allerdings auch Bestandteil eines Wandbehangs sein. Hierbei wird das ganze Projekt nicht mit einem Ring begonnen, sondern mit einer flächigen Kombination mehrerer Knoten.

Der 2. Schritt wird dabei übergangen, da stattdessen ein Wandbehang zum Einsatz kommt. Danach wird einfach mit dem 3. Schritt weitergemacht.

Der Traumfänger

Der Traumfänger stellt im ursprünglichen Sinne ein indianisches Kultobjekt dar. Er stammt aus Nordamerika und dient der Verbesserung des Schlafes.

Über seine Entstehung gibt es mehrere Sagen. Die Bekannteste besagt, dass die Tochter einer Indianerfrau von schlechten Träumen heimgesucht wurde. Die Mutter ging darauf hin zu einer weisen Frau, die ihr riet einen Weidenast zu nehmen und diesen zu einem Kreis zu formen. Sie solle ein Netz hinein spannen, während sie die heiligen Wörter spreche und nur schöne Gedanken in das Netz knüpfen. In der Mitte soll sie eine Öffnung lassen, damit alle guten Dinge den Weg hindurch finden, während die Schlechten im Netz hängen bleiben. Außerdem sollen Federn angebracht werden, damit sie den guten Gedanken den Weg leiten.

Ähnlich sind auch die Sagen der Azteken. Diese besagen lediglich, dass im Dunkeln Geisterenergien erwachen. Einige dieser Energien werden zu Träumen. Nur leider sind dabei nicht alle gut. Darum soll ein Zweig am Wasser gebogen werden und magische Gegenstände hinein geknüpft werden.

Hier sind einige bedeutende Symbole samt ihrer Bedeutung:

Der Mond – Er symbolisiert Weisheit und ist eng mit den Schöpfungsmythologien verbunden.

Die Sonne – Sie ist der Mittelpunkt unseres Universums und vermittelt auch im Religiösen die oberste Macht.

Der Kreis – Als Basis des Traumfängers veranschaulicht er den Lebenszyklus. Gleichzeitig ist er auch ein Zeichen der Unendlichkeit. Es werden hierbei verschiedene Kreisläufe, so beispielsweise der Tag oder das Leben beschrieben.

Das Netz – In den indianischen Mythologien beschreibt die Spinne eine besondere Kraft, die das Böse fernhält. Laut überlieferten Sagen heißt es, dass die Spinnenfrau die Sonne zurück bringt.

Der Büffel – Besonders verbreitet war es ursprünglich das Haar eines Büffels in den Traumfänger hineinzuarbeiten. Der weiße Büffel gilt als Symbol der Erleuchtung.

Perlen / Muscheln – Allgemein steht die Muschel für Weisheit und Reichtum. Sie wird in der alternativen Medizin häufig zur Heilung eingesetzt.

Edelsteine – Man unterscheidet zwischen knapp 380 Steinen, denen entsprechend ihrer Art und ihres Aussehens bestimmte Kräfte nachgesagt werden. Um nur einige der bekanntesten anzusprechen: Der Bernstein dient auch als Zeichen des Schutzes. Ihm wird eine beruhigende Wirkung nachgesagt. Der Jade steht für Harmonie, während der Rosenquarz Liebe symbolisiert. Der Saphir steht für Ausgeglichenheit und der Smaragd für Schönheit.

Zur Herstellung eines Traumfängers geht man immer wie folgt vor:

1

Für die äußere Abgrenzung verwendet man einen Ring. Dieser kann traditionell aus Weide bestehen.

> *Tipp: Möchte man Weide nehmen, sollte unbedingt darauf geachtet werden, dass diese umgehend nach dem Schneiden gebogen und verknotet wird. Hintergrund ist, dass diese, je länger sie liegt, trocknet und sich damit nicht mehr so frei biegen lässt. Zur Folge hat dies, dass das Holz bricht.*

Weiterhin können im Handel bereits fertige Metallringe erworben werden – solche beispielsweise.

https://www.amazon.de/SOSMAR-Traumf%C3%A4nger-Metallringe-beschichtetDurchmesser/dp/B081SL2RY7/ref=sr_1_12?__mk_de_DE=%C3%85M%C3%85%C5%BD%C3%95%C3%91&dchild=1&keywords=metallringe&qid=1599123643&sr=8-12

Man kann jedoch auch einen Ring selbst basteln. Man nimmt einen festen Draht – in dem Fall Reste eines Spanndrahts – und formt diesen zu einem Ring. Dieser wird wahrscheinlich nicht an jeder Stelle die perfekte Form haben, was dem Ergebnis jedoch nichts weiter ausmacht.

Es wird mit dem Startknoten begonnen. Der Ring wird nun mittels eines Fadens vollständig umwickelt. Hierfür gibt es wieder zwei Möglichkeiten:

a)

Man verwendet den einfachen halben Schlag. Um eine Regelmäßigkeit zur bewirken, sollte dieser immer in die gleiche Richtung geknotet werden. Wird der Faden beim ersten Knoten oberhalb des Rings entlang geführt, so sollte er das die ganze Runde hinüber tun. Für das innere Geflecht wird in diesem Fall einfache Wolle verwendet. Dabei können übrigens auch weitere Bänder, wie Geschenkbänder, Paketband etc. verwendet werden. Je breiter die Bänder ist, desto schneller ist man damit fertig.

b)

Nach dem Startknoten wickelt man den Faden einfach um den Draht herum. Aber Vorsicht: Da der Draht sehr rutschig ist, kann sich der Faden schnell von selbst auswickeln. Der Startknoten sollte daher immer gut festgehalten werden, dann ist dies die schnellere Variante. Am Ende angekommen verknotet man die Überreste einfach mit dem Anfang und verhindert so ein Auftrieseln. Am Ende angekommen fällt hier kaum ein Unterschied auf.

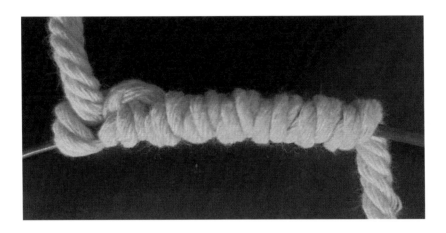

3

Traditionell wird ein Knotengeflecht in die Mitte des Ringes geknotet. Dafür wird ein in der Regel etwas dünnerer Faden am Ring verwendet. Hierbei wird ein einfacher halber Schlag genutzt. Dieser wird dabei im beliebigen Abstand um den Ring herum wiederholt.

4

Mit dem gleichen Faden wird ab jetzt eine einfache Schlaufe durch jedes entstandene Feld gemacht. Am Ende jeder Runde sollte die Regelmäßigkeit überprüft und gegebenenfalls etwas korrigiert werden. Je weiter man in die Mitte kommt, desto mehr Fingerspitzengefühl wird benötigt. Hier hilft es teilweise ungemein, wenn man das Seil durch eine Nadel fädelt und mit dieser das Werk fortführt.

5

Man kann sich letztlich frei entscheiden, ob man einen weiteren Ring einknoten möchte oder einfach eine freie Öffnung lässt. Diese sollte einfach mit ebenso einem einfachen halben Schlag nochmal befestigt werden und danach so kurz wie möglich abgetrennt werden. Den flattrigen Teil des Traumfängers kann man nun nach Belieben wählen.

Nun können flattrige Fäden, Federn, Perlen etc. am unteren Ende des Traumfängers beigefügt werden. Dabei ist es ganz gleich, ob die Fäden lediglich frei hängen oder ähnlich wie die Armbänder verknotet werden. Hier kann sich jeder individuell austoben.

Moderne Formen des Traumfänger

Wir befinden uns im 3. Schritt zur Herstellung von Traumfängern. Das traditionelle Netz kann aus dekorativer Sicht auch in alternativen Varianten ausgedrückt werden. Dies ist möglich, da man den Traumfänger heute selten aus Glaubensgründen aufhängt, sondern viel mehr als dekoratives Element verwendet.

1

Hierbei werden doppelte Fäden eingesetzt. Sie werden mittels des bekannten Startknotens jeweils in gleicher Anzahl rechts und links am Ring angebracht.

2

Nacheinander werden diese doppelten Fäden in entgegengesetzter Richtung aneinander vorbei geführt.

3

Am Ende werden alle Fäden mittels eines doppelten Rippenknotens fest verankert. Die Reste werden hängen gelassen und gleichmäßig verschnitten.

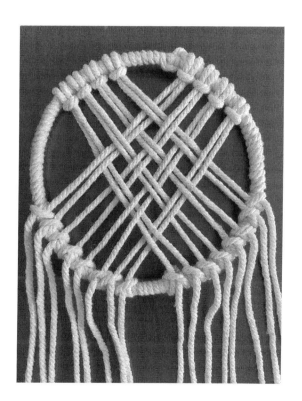

> *Übrigens: Je schmaler man den Faden wählt, desto filigraner wird das Muster.*

Starke Symbole stellen im Allgemeinen **Mond** und **Sonne** dar.

Diese lassen sich ebenso in einen Traumfänger integrieren. Hierbei geht man wie folgt vor:

1

Man benötigt hierfür insgesamt zwei Ringe. Diese werden an einem Ende miteinander verknotet.

2

Zuerst widmet man sich dem inneren Ring. Man kann hier wieder diverse Muster hinein knoten und geht dabei wie oben beschrieben vor. In dem unten dargestellten Beispiel wird ein klassisches Netz mittels halben Schlägen vorgenommen.

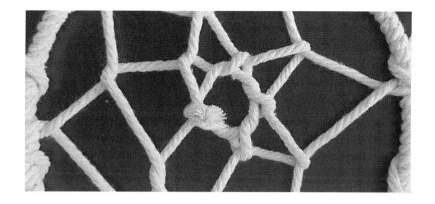

Nun hat man zwei Möglichkeiten:

a)

Um eine Sonne darzustellen umwickelt man beide Ringe separat.

b)

Bei einem Mond kann man diesen Schritt übergehen. Hierbei werden beide Ringe als eine Einheit betrachtet und gemeinsam ummantelt.

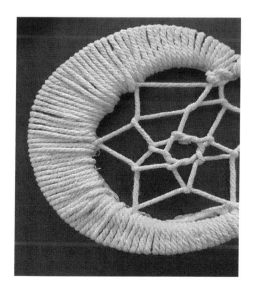

Dieser Schritt ist ausschließlich bei der Sonne nötig. Ein Faden wird dabei um beide Ringe gewickelt, sodass Zacken, welche die Sonnenstrahlen vereinfacht darstellen, entstehen.

Das Klangspiel

Die Ursprünge des Klangspiels oder auch Windspiels stammen aus dem 8. - 12. Jahrhundert. Wahrsager konnten angeblich anhand der Klänge, bzw. der Melodien die Zukunft vorhersagen. Gleichermaßen werden Klangspiele, vor allem vor Eingängen, als Schutz vor bösen Geistern verwendet. Sie stammen aus Japan und werden aus allen möglichen Materialien wie Holz, Metall oder Glas hergestellt. Auch Kombinationen sind dabei möglich. Sie gelten allgemein als harmonisch und gleichzeitig dekorativ. Übrigens stehen sie wiederum aufgrund ihrer Dreidimensionalität für Wohlstand.

Mittels folgender Gegenstände werden häufig Klänge erzeugt:

Muscheln – Die Muschel steht für Schutz und Wohlstand, gleichzeitig steht sie aber auch oft als Zeichen für Fruchtbarkeit. Es ist übrigens ein natürliches Material und kann dem Element Erde zugeordnet werden.

Bambus – Er wird vor allem als Zeichen des Wachstums und der Langlebigkeit gedeutet.

Glocken – Sie sollen maßgeblich das Chi begrüßen und wirken einladend.

Metall / Glas – Wie bereits erwähnt, stehen die beiden Materialien für den Lebensbereich Kinder und Partnerschaft.

In meinem Projekt habe ich mich für fünf einfache Klangstäbe entschieden. Mit diesen kann ein Traumfänger, wie im folgenden Beispiel, aber auch ein Wandbehang, eine Blumenampel und jeder hängende Gegenstand ergänzt werden.

> Übrigens: Die Zahl Fünf wird im chinesischen als glücksbringend angesehen.

1

Wir erinnern uns an die Herstellung eines traditionellen Traumfängers.

2

Statt herunter hängender Fäden werden nun die Klangstäbe verwendet. Diese werden mit Hilfe einer Schlaufe am Seil befestigt. Damit dies optisch aufgewertet wird, nutzt man wieder einen mehrfachen Überhangknoten. Im dargestellten Beispiel werden 2 Umwicklungen vollzogen. Danach können noch Perlen hinzugefügt werden.

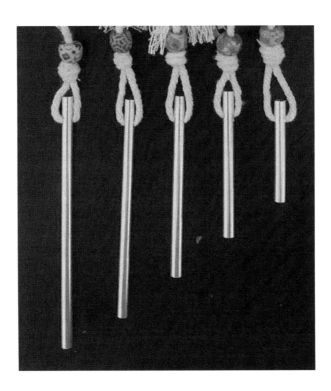

3.

Genau wie eben durchgeführt, werden die Stäbe der Größe nach mit Hilfe eines mehrfachen Überhangknotens am Traumfänger befestigt.

Entweder man belässt den Traumfänger dabei oder man kann auch gut zwischen den einzelnen Klangstäben noch Perlen oder andere schwingende Gegenstände aufhängen. Weiterhin können weitere Elemente je nach Belieben rechts und links hinzugefügt werden. Diese sollten nur nicht zwischen den Klangstäben angebracht werden, da sie die Entstehung der Melodien dämpfen oder sogar verhindern.

Exkurs - Das Mobile

Aus dem französisch stammenden «mobile» wird ein frei hängender Gegenstand beschrieben. Er wird allein durch Luftzirkulation in Bewegung gesetzt. Das Mobile kann ebenso aus einem Traumfänger hergestellt werden.

Dabei wird die Umrandung des Rings sowie das Knüpfen des Netzes wie oben ausgeführt. Erst jetzt werden Unterschiede deutlich:

1

Statt einer senkrechten Aufhängung schwebt das Mobile waagerecht im Raum. Hierfür werden ähnlich wie bei einer Blumenampel mindestens 3 Stränge zur Aufhängung an dem Ring angebracht. Diese führen diagonal nach oben in einen gemeinsamen Punkt zusammen.

2

Am Ring entlang werden nun Dekorationselemente angebracht. Dies können hängende Fäden sein, die der Reihe nach zu einer Spirale gekürzt werden. Dabei können einige Fäden auch dekorative Knoten beinhalten. Weiterhin können Elemente wie Pompons, Glöckchen oder Federn hinzugefügt werden.

3

Nach Belieben kann auch hier im Zentrum des Ringes ein Klangspiel eingebunden werden. Entweder nutzt man hierfür das bereits vorhandene Netz oder man hat bereits im Voraus einen Ring eingearbeitet.

Das Mandela

Optisch ein stark dem Traumfänger ähnelndes Objekt ist das Mandela. Auch dieses stammt aus Überlieferungen der alten Indianervölker. Einst als Kriegsschild eingesetzt, bekam es später in der Meditation eine große Bedeutung zugesprochen. Je nach Abbildung werden bestimmte Kräfte hinauf beschworen. Diese sollen den Beschenkten beschützen.

1

Es wird wieder gleichermaßen, wie beim Traumfänger, ein Ring mit einem Seil vollständig umwoben.

2

Im Gegensatz zum Traumfänger wird in die Mitte kein Netz, sondern ein Muster oder ein Symbol beigefügt. In diese Bilder auf Felle aufgebracht und dann verknotet.

Man kann sich jedoch auch eine andere Methode zu Nutze machen – die Flechtkunst. Dabei werden traditionell drei Fäden nebeneinander gelegt und im Wechsel jeweils der linke und recht äußere Faden in die Mitte gelegt.

Zu allererst werden je drei Fäden doppelt um den Ring herum gelegt. Diese stellen den Beginn eines Astes dar. Dies wird nun so oft wie gewünscht wiederholt.

Nun wird es ein wenig komplizierter und verlangt etwas Koordination und Übung. Die kleinen Äste werden weiterhin mit anderen zusammengeflochten. Am leichtesten geht man hier wie beim französischen Zopf vor. Mann flechtet einen Ast fortlaufend und fügt bei jedem Überschlag einen doppelten Faden des anderen Astes hinzu – überschlägt man beispielsweise den rechten Faden nach links, so wird ein Faden des anderen Astes mit in die Mitte eingefügt, beim nächsten Überschlag nach links wird genauso vorgegangen. Nach drei Wiederholungen ist das Einflechten vollbracht.

Das Verfahren kann man mit einer unbegrenzten Anzahl an Fäden durchgeführt werden. Hierbei nehmen wir an, dass jeder Ast aus drei Einheiten besteht. Demzufolge wird nicht jeder Faden einzeln, sondern jeweils eine Einheit eingeflochten. Dies wendet man nun regelmäßig auf den nächst stärkeren Stamm an und führt es so lange aus, bis man nur noch den Hauptstamm hat.

3.

Die Wurzeln sind ganz einfach. Die verbleibenden Fäden werden etwas sortiert und breit gefächert ausgelegt. Da reichlich Platz benötigt wird, wird nun ein einfacher Rippenknoten eingesetzt und jeder noch übrige Faden um den Ring gewickelt.

Exkurs - Feng Shui

Neben der ursprünglichen Bedeutung des Traumfängers findet er heute auch eine große Beliebtheit im Feng Shui.

> *Übrigens: Ziel des Feng Shui ist es das Chi, also die Lebensenergie, ungehindert durch den Raum fließen zu lassen. Dies wiederum soll das allgemeine Wohlbefinden verbessern.*

Jeder Lebensraum, also jede Wohnung oder jedes Haus sollte demnach wie folgt aufgebaut sein:

Reichtum	Ruhm	Partnerschaft
Familie	Taichi	Kinder
Wissen	Karriere	Freundschaft

Diese Übersicht wird nun über den Grundriss der Wohnung gelegt. Dabei sollte der Eingang entweder beim Wissen, bei der Karriere oder bei der Freundschaft liegen.

Man unterscheidet zwischen 5 Elementen: Feuer, Erde, Metall, Wasser und Holz. Mittels dieser Elemente werden nun die einzelnen Lebensabschnitte beschrieben.

Holz steht dabei für Reichtum. Dies kann durch Korbmöbel, Baumwolle oder Zimmerpflanzen versinnbildlicht werden.

Feuer wird mittels eines Kamins oder roter Farbtöne dargestellt. Es steht allgemein für Ruhm.

Erde wird gern mittels gelben oder braunen Farben dargestellt. Hierbei wird auf die Partnerschaft Bezug genommen. Allgemein können hier natürliche Materialien zum Einsatz kommen, also auch Ton, Stein oder Leinen.

Für das Symbol **Metall** können auch gleichzeitig Glas oder Kristalle zum Einsatz kommen. Hierbei werden gleich zwei Lebensabschnitte symbolisiert – Kinder und Freundschaft.

Neben Zimmerbrunnen, Aquarien oder Bildern lässt sich **Wasser** auch sehr gut mit blauen, schwarzen oder violetten Farben darstellen. Es steht für Karriere.

Wer in gewisser Weise nach dem Feng Shui wohnen möchte, jedoch nicht seine ganze Wohnung in der Form auf den Kopf stellen will, der kann sich auch kleineren Tricks bedienen. So können beispielsweise kleinere Elemente, wie Windspiele, Kerzen, Spiegel und weitere Gegenständen eingebracht werden.

An diesem Punkt kommen wir wieder zurück auf das Makramee – gezielt im Rahmen des Traumfängers. Allgemein heißt es, dass flattrige Gegenstände an Öffnungen, also in der Regel an Fenstern oder Türen, das Chi länger im Raum halten. Auch dunkle oder kahle Ecken werden mittels entsprechender Dekorationselementen gestärkt.

Der Wandbehang

Wandbehänge zählen zu den größten und umfangreichsten Werken des Makramee. Auch hier kann man wieder Rückschlüsse auf das Feng Shui ziehen. Die Dekoration ist dem Menschen seit Beginn seiner Existenz zu zuschreiben. Einerseits dient es dazu Räumlichkeiten eine gewisse Gemütlichkeit zu vermitteln, anderseits ist es auch oft ein Zeichen des sozialen Status.

Der unten dargestellte kleine Wandbehang kann wie folgt geknüpft werden:

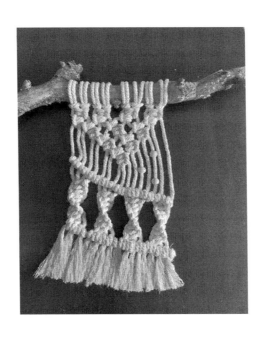

Für den Beginn bzw. die Aufhängung habe ich einen Astabschnitt eines Nussbaums gewählt. Danach wird wie üblich der Startknoten verwendet. Insgesamt besteht der Behang aus acht doppelten Fäden 5mm starker Makrameewolle.

Hier werden halbe doppelte Schläge genutzt. Dabei werden je zwei Fäden miteinander verknüpft. In der ersten Reihe ist dies ganz logisch, also der erste und zweite Doppelfaden usw. In der nächsten Reihe der zweite und dritte etc.

3

Ist der letzte Knoten des Dreieckes vollbracht, so wird ein wenig Abstand gelassen und der Rippenknoten eingesetzt. In diesem Fall wird der linke Leitfaden im gewünschten Winkel – optisch wirkt hier ein parallel zum Dreieck verlaufender Strang sehr gut – diagonal nach rechts unten gelegt. Dabei werden wieder alle Fäden zweimal wie beschrieben darum gewickelt und zu guter Letzt festgezogen.

4

Um den Wandbehang noch aufzuwerten, können wie immer weitere Dekorationselemente, in diesem Fall sind es Perlen, zum Einsatz kommen.

5

Für das weitere Vorgehen kommt ein Kreuzknoten mit Spirale nach rechts zum Einsatz. Hierbei ist der obere Faden immer der von links nach rechts führende.

6

Erneut folgt ein Rippenknoten anstatt eines Schlussknotens.

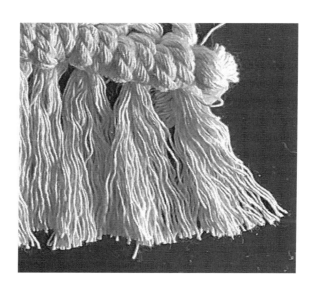

Die übrigen Fäden werden nun ausgefranst. Am besten nutzt man hierfür wieder die Zinken einer Gabel oder einen Kamm.

Eine weitere Variante des Wandbehangs kann wie folgt aussehen:

1

Statt eines klassischen tragenden Asts kann auch ein anderes Element, wie hier ein Kochlöffel genutzt werden (die Dekoration ist dann natürlich am besten in der Küche aufgehoben).

2

Nach dem klassischen Anfangsknoten werden nun eine Vielzahl von Kreuzknoten so geknüpft, dass daraus eine Spirale entsteht.

3

Mittels eines einfachen halben Schlags werden diese wieder am tragenden Element befestigt. Auch danach wird die Vorgehensweise nach Belieben fortgeführt.

4

Nun werden die Federn, bzw. die Blätter hergestellt. Dabei werden die letzten Zentimeter (je nach dem wie lang dieses Objekt werden soll) hängengelassen. Zwei kurze Fäden werden jeweils doppelt gelegt und je einer oberhalb der Leitfäden, der andere unterhalb entlang geführt. Die Schlaufen werden mit den beiden Enden des Fadenpaars verknotet. Dies wird mehrfach wiederholt. Danach werden die rechts und links abstehenden Fäden wieder mit einem Kamm ausgefranst und mit einer Schere korrigiert.

Der Lampenschirm

Ursprünglich dienten Lampenschirme zum Abblenden starker Gasflammen. Auch wenn ihr Einsatz heute noch einen ähnlichen Zweck erweist, hat sich ihre Optik stark verändert. Als Dekorelement im Raum, sind sie dabei ganz individuell in Form und Farbe gestaltet.

Neben dem Erwerb in diversen Geschäften besteht mittels Makramee die Möglichkeit selbst kreativ aktiv zu werden.

1

Wir erinnern uns an den Traumfänger. Ähnlich wird ein Metallring selbst hergestellt oder käuflich erworben.

Es macht bereits an der Stelle Sinn sich Gedanken darüber zu machen, wie die Aufhängung aussehen soll. Soll der Lampenschirm an der Decke aufgehangen werden, erleichtert es später die Arbeit, wenn möglichst eine Schlaufe geknüpft wird, damit das ganze Gebilde an einem Haken befestigt werden kann.

> *Vorsicht: Die Glühbirnen sollten keine Hitze entwickeln. Am besten verwendet man hier LED-Birnen.*

Für die Aufhängung kann man sich wieder den Scoubidou-Knoten zunutze machen. Für den Anfang wird eine einfache Schlaufe stehen gelassen. Danach wird das bekannte Verfahren eingesetzt. Dabei werden wieder vier Knoten je über den daneben liegenden Faden gelegt. Der letzte Faden wird durch die erste Schlaufe geknotet und fest gezogen.

Auch zur Befestigung an dem Ring kann dieser Knoten verwendet werden. Alle vier Fäden werden einmal um den Ring und zurück in die Mitte gespannt. Dort wird der Scoubidou-Knoten, wie eben erklärt, angewandt und um das davor erstellte Gebilde festgezogen. Die Knoten werden noch zwei- bis dreimal um die Aufhängung wiederholt und sollten dann stabil genug sein um abgetrennt zu werden.

Alternativ verwendet man Rippenknoten. Sie halten sehr gut und sind optisch sehr unauffällig.

2

Die Fäden, im unten dargestellten Beispiel sind diese etwa 2 Meter lang, werden mit Hilfe des Startknotens daran befestigt. Im Übrigen sind dies in dem Fall 56, jeweils doppelt gelegte, Fäden aus 5mm starkem Baumwollgarn.

> *Tipp: Die einzelnen Fäden sollten nicht zu nah aneinander liegen, da die Knoten einen*

3

Je 14 Fäden werden nun, ähnlich wie bei der Girlande, als Dreieck verknotet. Dabei werden in der ersten Reihe der erste und zweite, der dritte und vierte usw. mit Hilfe eines doppelten Kreuzknotens miteinander verbunden. Dieser erfolgt in unterschiedlicher Richtung, damit keine Spirale entsteht.

In der zweiten Reihe angekommen werden nun der zweite und dritte, der vierte und fünfte Faden usw. miteinander verknüpft. Am Ende wird ebenso ein Knoten frei.

Dies wird nun so lange fortgeführt, bis nur noch ein einzelner Knoten an der Spitze des Dreiecks übrig bleibt.

4

Das ganze Dreieck wird mittels doppelter Rippenknoten abgeschlossen. Diese führen einmal von rechts nach links bis zur Spitze und genauso in umgekehrter Richtung.

5

An der Spitze angekommen, werden die beiden Fäden, die eben die Leitfäden dargestellt haben, weiterhin in ihrer Funktion genutzt. Mit Hilfe der beiden daneben liegenden Fäden werden nun eine Reihe Kreuzknoten durchgeführt. Allerdings erfolgen diese nun in gleicher Richtung (hier: jeweils der linke Arbeitsfaden verläuft immer oberhalb der Arbeitsfäden), damit eine Spirale entsteht.

Je nach Belieben kann man den Knoten bis zum Ende der jeweiligen Fäden fortführen. Allerdings sollte dieser Knoten erst ganz zum Schluss erfolgen, damit alle vier Spiralen gleich lang sind. Das überschüssige Ende wird einfach mit der Schere abgetrennt.

Dein Weg zum persönlichen und kostenlosen Online-Coaching

Durch das Buch erhältst du zusätzlich Zugang zu einem gratis Online-Coaching. Solltest du Fragen haben oder Tipps benötigen, kannst du mich jederzeit kontaktieren. Deine konkreten Fragen kannst du sehr gerne an folgen-de E-Mail Adresse adressieren:

bkwmmedia@gmail.com

Ich werde mich persönlich unverzüglich um deine Anliegen kümmern, und dir zeitnah und völlig kostenlos mit Rat und Tat zur Seite stehen.

Ich wünsche dir nun ganz viel Freude bei deinen DIY-Projekten und hoffe sehr, dass dir mein Ratgeber gefallen hat und dir den Einstieg in die Makrameewelt erleichtert.

Herzliche Grüße,

Fabiana

Impressum

© Fabiana Binder

wird vertreten durch

Auctum Media
Haldenweg 12/1
89155 Erbach

Erscheinungsjahr des Buches: 2020

Bildquellen: canva.de, icons8.de

Made in the USA
Las Vegas, NV
01 March 2021